ESPRIT DECO

W0349297

Bibliothèques

Plus de 100 réalisations

massin

Direction d'édition : Thierry Lamarre
Réalisation et textes : Marie-Pierre Dubois Petroff
Conception graphique - mise en pages : Either studio
Conception de la couverture : Nicolas Valoteau
Assistante d'édition : Adeline Lobut

Éditions Massin
Publiées par Société d'Information et de Créations - SIC
Une société de Marie Claire Album
10, bd des Frères-Voisin 92792 Issy-Les-Moulineaux CEDEX 9 - France
Tél. 01 41 46 88 88
R.C.S. Nanterre 302 114 509
Sarl au capital de 3 822 000 euros
© 2009, Editions Marie Claire - Société d'Information et de Créations - SIC

N° ISBN : 987-2-7072-0507-0
N° Éditeur : 38369
Imprimé par G. Canale & C., Turin (Italie)
Dépôt légal : 2e trimestre 2009

www.massin.fr

Bibliothèques

Plus de 100 réalisations

WATTEAU
QUERCY ROMAN
PARIS DES PHOTOGRAPHES

Sommaire

Marilyn Monroe

Avant-propos

La valeur symbolique des livres en fait des objets précieux, par la culture qu'ils transmettent et le caractère sentimental qui leur est attribué. Les livres entrent dans les maisons par divers chemins : études, voyages, curiosités diverses, recherche d'évasion, amour de la littérature ou de la bande dessinée..., tous révélateurs de la personnalité des propriétaires des lieux, de leurs goûts, de leurs professions, de leurs envies ou de leurs rêves. Analyser le contenu d'une bibliothèque, c'est déjà faire connaissance avec eux. Comme un miroir aux multiples facettes, elle offre autant de reflets à déchiffrer et à additionner. Vitrine idéale, elle devient parfois celle d'une image fabriquée à l'intention des visiteurs car rien n'indique sur la tranche d'un livre s'il a été lu ou non...

Il y a toutes sortes de bibliothèques : les studieuses, rattachées à un poste de travail, les familiales, rassemblant littérature classique et livres jeunesse, les décoratives, mariant les livres aux objets, les bohèmes, mêlant tout et n'importe quoi... Certains sont comblés par de parfaits alignements et des classements irréprochables, d'autres préfèrent le mélange des genres, quitte à provoquer le mariage inattendu de Tintin avec Marguerite Duras. A l'opposé d'une bibliothèque publique, une bibliothèque personnelle ne s'adresse pas à tout le monde. Peu importe si les visiteurs s'y perdent, elle n'est pas conçue pour eux. Les ouvrages peuvent être classés par ordre alphabétique d'auteurs ou de titres, par genre, par taille ou par couleur ! L'important est que leur ordre et leur logique s'adaptent à ceux des propriétaires.

Une bibliothèque vide a la tristesse des projets avortés, des chambres d'amis inoccupées et des vases sans fleurs. En attente d'un rôle à jouer ou d'une place à prendre, elle respire l'ennui et l'inutilité. Chargée, elle est pleine de promesses mais doit néanmoins préserver de la place disponible aux nouveaux ouvrages dont l'arrivée ne devrait pas s'interrompre. Il est donc utile d'anticiper et de prévoir grand au moment du projet, à moins de préférer un caractère évolutif lui permettant de s'adapter aux besoins croissants de rangements. Quand la place vient vraiment à manquer, une solution consiste à prêter ses livres. Ils éveillent un tel sentiment de propriété qu'il est fréquent de ne pas les voir revenir...

Larousse
LE REGARD DE L'ANTILOPE
du bauhaus à l'industrie
wilhelm wagenfeld

Implantations créatives

En duo avec un escalier

Lieu de circulation avant tout, l'escalier offre des possibilités d'agencements et de rangements au sein desquels une bibliothèque trouve facilement sa place. A l'exception de certains cas particuliers, ces derniers concernent des escaliers droits ou à quart tournants, les escaliers circulaires ou hélicoïdaux ne développant pas de volume suffisamment important pour être exploités de façon satisfaisante. L'escalier offre trois possibilités d'implantations d'une bibliothèque : au niveau du palier de départ, le long de sa montée, et sous ses marches. La première est sans doute la plus abordable car elle s'effectue sans contraintes techniques particulières. Elle peut être basse, haute, le long du mur ou perpendiculaire. Elle accorde souvent un caractère décoratif supplémentaire à l'escalier à qui elle offre parfois un garde-corps sécurisant et fonctionnel. La bibliothèque accompagne la montée de l'escalier à condition de préserver une largeur de passage d'au moins 70 cm à laquelle s'additionne la profondeur des rayonnages. En effet, si leur profondeur minimale est de l'ordre de 11 à 12 cm (pour des livres de poche), elle est de 20 à 25 cm en moyenne. Quand l'implantation est réalisable, les étagères se succèdent le long de la montée en préservant la facilité d'accès aux livres. Installée sous l'escalier, la bibliothèque doit s'adapter à une profondeur inappropriée au rangement des livres. La création d'un double fond contre lequel elle va s'implanter peut résoudre ce problème. Qu'il s'agisse d'une implantation le long ou sous l'escalier, il est recommandé d'aligner les étagères sur le niveau des marches afin de créer une composition équilibrée. Seuls les livres de poche (hauts de 18 cm) peuvent s'intégrer dans une hauteur de marche (haute d'au moins 18,5 cm !) mais cette dernière se situant davantage entre 16 et 18 cm, les étagères s'alignent de préférence toutes les deux marches, s'offrant ainsi un espace d'au moins 30 cm de hauteur entre chacune d'elles.

Agencée autour de la trémie, la bibliothèque compose un garde-corps efficace. Réalisée en médium laqué blanc, elle laisse la vedette aux nombreux livres et s'intègre à la pièce dont elle préserve la clarté. Les étagères (épaisses de 22 mm) se positionnent à volonté grâce aux crémaillères encastrées dans les montants.

Les Virtuoses
LES DESCHIENS
Reservoir Dogs
LISA
LA VILLE EST TRANQUILLE
1

1. Implantée sous la seconde volée, la bibliothèque consacrée à l'audiovisuel exploite un espace que le manque de hauteur interdit à la circulation. Cette dernière s'organise naturellement autour d'elle, évitant ainsi d'éventuelles collisions avec le dessous des marches. Tableau de Tim Payungka Tjapangardi.

2. Reliant trois niveaux, cet escalier hélicoïdal à trémie carrée s'enveloppe d'une bibliothèque ajourée formant un garde-corps efficace. Au dernier étage, des rayonnages bas encadrent la trémie, prolongeant la bibliothèque sur trois niveaux.

3. Dans cette maison rénovée, l'escalier existant s'est vu prolongé par une extension vers la cave, devenue partie intégrante de l'habitation. Deux ensembles en médium ont ainsi été conçus pour encadrer ce nouveau palier et créer une unité d'ensemble.

1. Logée à côté de l'escalier de la mezzanine, la bibliothèque peut s'étirer jusqu'au plafond, la montée des marches facilitant l'accès aux étagères les plus hautes.

2. Décollé du mur d'une distance égale à la profondeur des étagères, l'escalier se déplie comme une unique feuille de lamellé-collé, s'offrant des marches confortables grâce aux contremarches biaisées. L'épaisseur des étagères (4 cm) permet de réduire leurs points d'accrochage.

3. Un renfoncement existant le long de l'escalier est mis à profit pour créer de profondes étagères qui accueillent les livres et les cassettes sur une double épaisseur. Des feuilles de métal ajouré diffusent la lumière de tubes fluorescents et composent un fond de bibliothèque particulièrement décoratif.

3

L'IPÉ

Ipé est en fait le nom brésilien de ce bois baptisé aussi « ébène vert » ou « greenheat ». Plus dur et plus lourd que le teck ou le chêne (25 kg au m^2 contre 14 kg pour le teck), il est dense au point de ne pas flotter, même sec. Il sèche très lentement et sa solidité exceptionnelle en fait un bois relativement difficile à travailler. Très durable et imputrescible, il trouve facilement des applications en milieu humide et compose des parquets adaptés au plancher chauffant, sa densité en faisant un bon conducteur.

1

2

1. Réalisé en acier laminé, l'escalier semble se poser sur la structure en médium de la bibliothèque qui s'intègre dessous. Dans le prolongement des marches, les étagères sont rythmées à intervalle régulier par des montants verticaux implantés à l'aplomb des contremarches et destinés à renforcer la structure d'ensemble.

2. L'espacement entre les étagères s'alignant sur une double hauteur de marche, une marche sur deux s'implante indépendamment de la structure en médium et offre ainsi un espace de rangement adapté aux plus petits formats.

3. Laqué blanc pour mieux se fondre au mur, l'agencement réalisé sous l'escalier met en valeur le déplié graphique des marches en chêne assemblées à queue droite. Implanté en retrait, il se satisfait d'une profondeur de 48 cm qui lui offre une grande capacité de rangement.

4. De conception particulièrement originale, cet escalier se compose de deux parties articulées entre elles. La plus basse, qui peut pivoter à 180° et se rabattre contre le mur, intègre des rayonnages de bibliothèques opportuns à proximité du bureau.

Autour d'une cheminée

À l'exception de quelques cas particuliers où le conduit de fumée est intégré dans le mur, la création d'une cheminée donne toujours naissance à un décroché dans la surface murale. Plus ou moins important selon la conception de la cheminée ou l'existence de plusieurs conduits, ce coffrage (puisque c'est finalement de cela qu'il s'agit) donne naissance à des renfoncements de part et d'autre, et devient l'appui idéal (exclusivement esthétique) pour toute sorte d'agencement parmi lesquels la bibliothèque s'offre une place d'honneur. Dans la grande majorité des cas, la bibliothèque s'installe après la cheminée. Sa conception doit donc tenir compte du style, de l'esprit, des dimensions et de l'intérêt esthétique de cette dernière. Elle peut s'effacer pour la valoriser, la faire oublier en accaparant l'intérêt, atténuer ses défauts ou créer avec elle un ensemble harmonieux et équilibré. Toutes les situations sont envisageables. A vous de déterminer quelle sera la meilleure des démarches à adopter. Matériaux et couleurs seront ainsi déterminés par ce choix : identiques à ceux de la cheminée, ils la feront « disparaître » au cœur de l'agencement de bibliothèque alors que complémentaires ils produiront l'effet inverse. Dans le même esprit, le système d'accrochage peut lui aussi être déterminé par la cheminée existante et même permettre de compenser d'éventuels défauts de proportion. Ainsi une cheminée trop haute s'encadre volontiers d'étagères épaisses dont les fixations invisibles et l'absence de montants verticaux accentuent l'horizontalité. Inversement, les montants verticaux affirmés d'une bibliothèque allongent visuellement la hauteur sous plafond et la cheminée par la même occasion. La densité de remplissage des pans de mur joue également un rôle important. Nombreuses et chargées, les étagères couvrent les surfaces murales et deviennent un véritable revêtement dans lequel la cheminée peut être noyée. Moins nombreuses et mêlant les objets décoratifs aux livres, elles offrent un peu d'oxygène à l'agencement.

Spectaculaire, l'avaloir de la cheminée, réalisé en plâtre puis habillé d'une tôle en acier poncé puis verni, est positionné en recouvrement des étagères, laissant imaginer qu'elles se poursuivent d'un côté à l'autre. Leur étirement horizontal accentue la largeur de la pièce et compense la hauteur importante de la cheminée.

PLACAGE

Les placages permettent de réduire le coût d'une installation tout en exploitant les qualités décoratives du bois. Très minces (environ 0,6 mm), ils sont obtenus par déroulage ou tranchage. Le premier qui produit des grandes surfaces, débite le tronc en tournant autour de sa circonférence. Le second tranche le tronc dans le sens du fil et produit des feuilles dont la dimension n'excède jamais celle du diamètre du tronc mais dont le veinage est identique au bois massif débité de la même manière. Les placages sont utilisés pour habiller des bois ordinaires ou des panneaux de dérivés de bois.

2

3

1. Véritable revêtement mural, la bibliothèque couvre la totalité des surfaces qui encadrent la cheminée jusqu'à se répandre dans la pièce voisine. Réalisée en menuiserie, elle est peinte comme les murs afin de s'intégrer au mieux et de laisser la vedette aux nombreux livres.

2. Multiplication des fonctions pour cette bibliothèque qui intègre le poste de télévision et quelques étagères profondes. Mise en couleur à l'identique des murs, elle se fait discrète avec ses fines tablettes qui supportent contre toute attente une belle accumulation de livres.

3. Mariage de bois blond et de plâtre pour cette bibliothèque qui s'harmonise ainsi avec la cheminée qu'elle encadre. Afin de réduire la portée des étagères et d'éviter leur éventuel fléchissement, chaque module s'est vu divisé verticalement en deux par une jouée en carreaux de plâtre.

1. Situé sous les toits, l'appartement se voit traverser par tous les conduits de fumée de l'immeuble. Le décroché massif engendré par leur coffrage s'encadre de deux renfoncements exploités par des agencements symétriques. L'ensemble crée une composition graphique qui donne du caractère à la pièce.

2. Réalisées en placage de chêne, cheminée et bibliothèque ont été conçues ensemble. Asymétrique, la composition joue le graphisme et limite le nombre d'étagères. Très épaisses, ces dernières dissimulent leur accrochage tandis que le fond en bois offre à l'agencement un caractère mobilier.

3. Le caractère massif du coffrage de conduit est atténué par la création d'un renfoncement offrant à la fois un relief générateur d'ombres et une tablette pour des objets décoratifs. Implantées de part et d'autre, des bibliothèques affirment leur graphisme et leur verticalité grâce à la création d'un bandeau vertical séparatif traité à l'identique des murs.

ÉTAGÈRES FIXES OU MOBILES

Le choix du système d'étagères est à la fois pratique et esthétique. Des étagères mobiles offrent une diversité de position mais leurs systèmes de fixation sont le plus souvent visibles, ce qui nuit parfois à l'esthétique de la réalisation. Fixes, les étagères bénéficient de systèmes d'accrochage invisibles, renforçant ainsi leur caractère décoratif. Beaucoup de bibliothèques mêlent les deux systèmes pour rester modulables. Cependant, on remarque qu'une fois mises en place en fonction de la taille des livres et de l'équilibre de la composition, les étagères changent rarement de position...

1. Le conduit en briques existait avant la rénovation. Peint en blanc, il s'encadre désormais d'étagères délibérément épurées dont l'horizontalité est accentuée par l'épaisseur et le choix d'un système d'accrochage invisible. Un éclairage indirect, orienté de bas en haut, contribue à leur élégance.

2. Composition sobre et raffinée pour cette cheminée en pierre de lave de Volvic encadrée d'étagères en bois d'Ipé, à l'identique du parquet. La particularité de l'agencement réside dans l'alignement des bibliothèques avec le manteau de la cheminée. Celles-ci sont délibérément épargnées d'un chargement trop important pour en préserver l'élégance.

3. Ambiance classique pour ces bibliothèques qui encadrent une cheminée de marbre crème Marfil. Des crémaillères dissimulées latéralement permettent de modifier à volonté la position des tablettes tandis que la partie basse s'équipe de portes pour offrir un autre type de rangement. Tableau Michel Quarez.

Encastrée dans les murs

Aménagées au cœur des murs, les bibliothèques s'intègrent au bâti sans empiéter sur la surface au sol. Il y a deux façons d'aborder ce type d'agencement, souvent associé à des démarches de gain de place. La première consiste à tirer parti d'une situation existante, en s'adaptant à la configuration des lieux ou en cherchant à dissimuler certains accidents d'alignement provoqués par la présence de coffrages techniques (conduit de fumée, chute d'eau, aération…) ou d'anciennes portes ou fenêtres rebouchées. Refermées avec des matériaux moins épais que le mur porteur dans lequel elles s'intègrent, ces dernières donnent naissance à des niches adaptées à la création de bibliothèques. Un coffrage technique, en créant une avancée sur la pièce, peut lui aussi devenir le point de départ d'une implantation, à condition cependant de rester indépendant de la structure et de l'accrochage des étagères. Centré sur le pan de mur, il compose l'axe de symétrie de l'agencement, les étagères se développant de part et d'autre. Décentré, il risque de donner naissance à une réalisation déséquilibrée à laquelle la création d'un deuxième coffrage peut apporter plus d'harmonie. Attention, il n'est pas question de créer un faux coffrage perdu, mais plutôt une armoire de rangement de mêmes dimensions. Traitée à l'identique du coffrage d'origine (même couleur, même matériau), elle fait d'autant plus illusion qu'elle s'équipe d'une poignée invisible (un système « pousse lâche » par exemple). Quand aucun accident de parcours ne vient troubler le bel alignement des murs et que l'esprit de la bibliothèque encastrée reste le plus séduisant, il reste à créer de toutes pièces ces « accidents » qui font défaut. Des modules de rangements fermés intégrés au cœur de la bibliothèque, s'étirant du sol au plafond et traités à l'identique des murs de la pièce donnent facilement l'illusion de faire partie de la maçonnerie.

Parfaite démonstration pour cette bibliothèque en trois volumes créée grâce à un doublage en carreaux de plâtre du mur existant. Chaque module est conçu comme une niche individuelle sacralisée par un encadrement de chêne auquel un joint creux périphérique offre un relief séduisant.

1. Comme des colonnes composées de livres, les deux bibliothèques jouent la verticalité en s'étirant du sol au plafond. Elles tirent profit de deux renfoncements existant dans cet appartement ancien et libèrent ainsi la surface de la chambre de leur encombrement.

2. La bibliothèque affirme son encastrement dans le mur en adoptant le même revêtement mural composé de planches de chêne simplement traitées avec l'application d'une cire blanche. L'encadrement de la niche s'inscrit parfaitement dans le moulurage des panneaux.

3. Occupant tout le fond de la pièce, la bibliothèque semble encastrée par les deux murs latéraux. L'intégration d'un conduit de fumée existant et l'exploitation de toute la hauteur renforce cette impression. Fixes, les étagères reposent simplement sur des cornières murales, des tubes Inox verticaux implantés en leur milieu éliminant tout risque de fléchissement.

3

BÉTON CELLULAIRE

Abordable et léger, le béton cellulaire est plein de ressources lorsqu'il s'agit de s'intégrer à un agencement de bibliothèque. Sensible aux chocs (la chute d'une brique la brise ou l'endommage sérieusement), il est résistant à la compression et supporte sans problème le poids de lourdes étagères. Son grand atout est d'être très facile à travailler au point que son découpage à la scie est à la portée d'un enfant de dix ans et que les apprentis sculpteurs le travaillent avec un simple couteau ! Dans le contexte de la bibliothèque, sa mise en œuvre laisse donc le champ libre à la créativité.

1

1. Calée contre un conduit de fumée, la bibliothèque redonne au mur son unité d'origine. Un encadrement en bois mouluré à la façon d'un chambranle ancien lui offre une présence mobilière, tandis que l'agencement intègre un placard plus utilitaire.

2. Ici, la bibliothèque s'encastre dans un ensemble conçu sur mesure et principalement destiné à dissimuler le poste de télévision. Ce dernier s'extrait après l'ouverture des deux portes latérales. La niche emplie de livres offre un peu d'oxygène à l'agencement.

3. Parfois difficiles à exploiter, les conduits de fumée se dissimulent au cœur d'agencements mixtes, mêlant bibliothèques et rangements. Une fois les portes fermées, ils disparaissent et se font oublier.

En cloison séparative

Accolée contre un mur, la bibliothèque se cantonne à sa fonction initiale : celle du rangement. Si, en encadrant une trémie d'escalier, elle s'attribue le rôle protecteur du garde-corps, elle peut aussi s'émanciper des murs pour contribuer à la distribution de l'espace. Ainsi, perpendiculaire à une cloison, elle définit une séparation utile dans de nombreux cas : pour définir l'espace de chacun dans une chambre pour deux, pour isoler subtilement le séjour de l'entrée ou la chambre de la salle de bains, pour créer une tête de lit à un lit central... Vue et accessible de part et d'autre, la bibliothèque offre de surcroît une double capacité de rangement. Détachée des murs, elle doit cependant être parfaitement stable. Etirée sur toute la hauteur, elle peut éventuellement trouver un accrochage au plafond. Basse, elle s'ancre au sol et trouve facilement son équilibre grâce à une structure autoporteuse. C'est lorsqu'elle est haute sans atteindre le plafond que sa réalisation demande le plus d'attention. Dépourvues de fond, ces bibliothèques offrent l'avantage de séparer les espaces sans créer de véritables divisions. Le lien visuel est maintenu, la perception du volume d'ensemble également. En version basse, elles remplacent avantageusement les murets en carreaux de plâtre et deviennent, pourquoi pas, le support d'un plan bar destiné à dissimuler le désordre d'une cuisine ouverte. Il arrive que la bibliothèque apparaisse comme faisant partie intégrante du mur contre lequel elle ne fait que s'adosser. Cette illusion, souvent délibérée, est le fruit d'un traitement décoratif identique qui offre un caractère homogène à l'ensemble : même matériau ou mise en couleur uniforme. Certaines réalisations poussent le raffinement jusqu'à intégrer une porte, en la couvrant d'étagères à l'identique (attention à la chute de livres au moment de l'ouverture !), en la faisant coulisser derrière un double fond ou une fois encore en l'intégrant dans la mise en couleur de l'ensemble.

Spacieux, ce grand séjour s'offre un côté été, tourné vers les baies vitrées et la lumière, et un côté hiver, tourné vers la cheminée. Ce sont deux bibliothèques basses qui délimitent ces deux espaces avec sobriété et élégance. Double face, elles déterminent l'agencement de la pièce.

1. Une fois encore, la cloison se fait oublier pour devenir le fond de la bibliothèque. Traitée dans la même teinte que la menuiserie, elle ne rappelle sa fonction initiale qu'à travers la présence de la porte. Même les interrupteurs s'en détachent pour s'avancer en façade.

2. Initialement morcelé par de nombreuses cloisons, cet appartement a retrouvé de beaux volumes grâce à la démolition de quelques-unes d'entre elles. Seul le mur porteur reste en place habillé d'une bibliothèque sur ses deux faces. Un bon moyen de lui offrir une présence tout en le faisant oublier !

3. Plus que jamais, la bibliothèque s'implante en cloison, ici entre le séjour et la cuisine. Le fond en carreaux de plâtre se fait oublier derrière les tablettes en médium. La mise en couleur uniforme des murs et des rayonnages favorise l'intégration de l'agencement dans la pièce.

1

2

MÉDIUM

Parfaitement homogène, le médium sait faire valoir ses qualités pour la réalisation de bibliothèques. Fabriqué à partir de résine et de fibres de bois pressées, il est compact et très dense et ses surfaces lisses se prêtent à toutes les finitions. Dix fois supérieure à celle du bois massif, sa stabilité dimensionnelle lui évite les risques de déformations sous les effets de variations d'humidité. Travaillé dans la masse ou façonné au tour à bois, il ne nécessite pas de placage de chants comme la plupart des panneaux de particules de bois.

3

1. Quand les murs sont chargés de portes de communication, de rangements ou de fenêtres, l'implantation centrale du lit devient une solution intéressante à condition cependant de lui offrir une tête de lit solidement ancrée, pratique et esthétique. Réalisée en carreaux de plâtre et simplement complétée de tablettes en pin, celle-ci remplit parfaitement sa fonction.

2-3. À la fois couloir et bibliothèque, l'espace situé entre les deux bureaux se définit grâce à l'implantation d'un module tournant le dos au séjour et dissimulant une grande capacité de rangement. Monobloc de bois, il fait face à des étagères intégrées à la maçonnerie et mises en place sur des cornières métalliques.

3

BÉTON

Fini le temps où le béton restait réservé au gros œuvre. Aujourd'hui, il s'invite à l'intérieur et devient matériau décoratif, débarrassé des préjugés qui lui collaient une image négative. Le béton se teinte avec des pigments (additionnés au mélange à sec pour une teinte dans la masse ou par saupoudrage sur la surface encore humide pour un résultat plus nuancé), se patine, se cire, se lisse et se polit. Malgré toutes ces possibilités, certains préfèrent malgré tout son caractère "brut de décoffrage" qui garde en mémoire l'empreinte du matériau de coffrage. Affaire de goût...

3

4

1. Réalisée à partir d'une structure en béton, cette cloison originale se compose essentiellement d'étagères massives destinées à recevoir livres et objets décoratifs. Certaines niches marquent la séparation grâce à leur fond, tandis que d'autres laissent passer la vue et la lumière, maintenant le lien entre les deux pièces.

2. Plutôt que d'être simplement condamné, le bâti d'une ancienne porte de communication devient l'encadrement d'une bibliothèque astucieuse. Double face grâce à la profondeur de ses étagères, celle-ci offre une double capacité de rangement tout en préservant un lien visuel entre les deux pièces.

3. Absence de porte, continuité du revêtement de sol, tout est fait pour maintenir le lien entre les deux pièces délimitées par une simple différence de niveau. La bibliothèque vient en renfort à la fois pour marquer la limite entre les deux espaces et le refus d'une véritable séparation.

4. Le séjour communiquait avec l'entrée par un passage large de 1,90 m. Le besoin de les isoler l'un de l'autre sans effectuer une séparation radicale a donné naissance à cette composition originale offrant une bibliothèque double face animée de niches au fond transparent, le tout encadrant une porte vitrée très graphique.

Compositions structurées

Graphique

CHASSEURS DES TÉNÈBRES
BOULIANNE
LUMIÈRES D'UN PAYS
The World of the
Polar Bear

Si elle est avant tout une source de rangement, une bibliothèque peut devenir un élément décoratif à part entière sans négliger ses qualités pratiques. Elle peut se contenter d'accumuler des étagères en quantité suffisante pour satisfaire au stockage des livres, mais avec un peu plus d'attention, elle peut contribuer à l'agencement et à la décoration de la pièce. Avant tout, sa conception doit tenir compte de la configuration des lieux, du volume, de la hauteur sous plafond comme de la surface au sol, car ce sont tous ces éléments additionnés qui donnent les premières bases du projet. Au même titre qu'une mise en couleur, la composition de la structure d'une bibliothèque peut elle aussi contribuer à la perception de l'espace, voire la modifier en accentuant ou en atténuant certaines de ses caractéristiques (étirer la hauteur sous plafond d'une pièce un peu basse ou, à l'inverse, accentuer les largeurs pour compenser une trop grande hauteur). En accordant un caractère graphique à une bibliothèque, on choisit de lui offrir un premier rôle dans le décor de la pièce. Sa conception est alors conditionnée par sa qualité esthétique dont découle ensuite son système constructif. Les accrochages se dissimulent au cœur des étagères ou des montants verticaux selon l'importance que le projet accorde aux unes ou aux autres. A l'inverse, les fixations peuvent être mises en vedette, voire même exagérées de façon caricaturale pour donner à la réalisation un caractère industriel apprécié dans des intérieurs contemporains. Les matériaux sont choisis en fonction de leur caractère décoratif, quitte à n'être que de simples habillages, et tout est fait pour les mettre en valeur : l'épaisseur des étagères ou des montants verticaux, la finition de surface ou des chants... Pour affirmer leur caractère graphique, ces bibliothèques s'épargnent les accumulations d'ouvrages et préfèrent les compositions aérées qui mêlent les livres aux objets de déco. ■

Parfaitement symétrique, l'agencement s'articule autour d'un panneau central persienné et coulissant derrière lequel se dissimule le poste de télévision. Le socle composé d'un alignement de tiroirs offre une belle assise à l'ensemble.

le chasse-marée
le chasse-marée
PARIS
Rembrandt
STARCK
TASCHEN
PIERRE CHAREAU
ART DECO
LES TRÈS RICHES HEURES DU DUC DE BERRY
Décorateurs
LE MAL DE PARIS
ROBERT CAPA IMAGES OF WAR
Titien
VENISE
Venezia e la Peste
GUARDI
living venice
magnus edizioni
CASABLANCA
ESSAOUIRA
ITINÉRAIRES MAROCAINS
LA VIE ET L'ŒUVRE DE JACQUES MAJORELLE
LE TEMPS D'UNE VILLE
LE GOÛT DU MAROC
CASABLANCA
LES COULEURS DU MAROC
1

1. Mêlant les rayonnages ouverts aux placards de rangement, la bibliothèque s'encadre d'un large cadre de bois et s'expose comme un tableau.

2. Beaucoup plus qu'une simple bibliothèque, l'agencement regroupe des étagères ouvertes capables de recevoir une double profondeur de livres, et des rangements fermés dont les portes blanches allègent la densité de l'ensemble.

3. Surprenante, cette bibliothèque est en réalité composée de deux modules standards dont l'un est coupé, posé à 45° puis fixé sur le second. Un fer horizontal renforce la rigidité de l'installation.

COULEUR

Mise en couleur à l'identique des murs, la bibliothèque s'intègre en s'accordant un caractère encastré. À l'opposé, une mise en couleur contrastée lui offre une présence et la met en valeur. Ainsi, des étagères contrastées et des montants verticaux identiques aux murs accentuent son horizontalité, la démarche inverse produisant l'effet inverse ! Enfin, un aplat de couleur réalisé sur le mur d'accrochage offre à de simples étagères une personnalité supplémentaire.

1

1. Réalisée en médium de 30 mm d'épaisseur, cette bibliothèque est conçue sur une base carrée de 35 x 35 cm : l'absence de montant vertical crée une niche de 70 cm de large, le défaut de tablette en double la hauteur. C'est la mise en couleur inspirée du peintre Mondrian qui renforce son caractère géométrique.

2. Comme un unique ruban de bois dessinant un labyrinthe vertical, les étagères en multiplis d'okoumé s'enchaînent les unes aux autres par des montants verticaux. Décollée du sol et des murs latéraux, la bibliothèque affirme son caractère très graphique.

3. Intégrée dans la maçonnerie, la bibliothèque renforce son caractère épuré en simplifiant sa structure : un montant latéral est supprimé au profit d'une tige en Inox tandis que les fixations se font invisibles et que la porte se passe de poignée débordante.

4. La trame carrée est un moyen simple de créer une composition graphique. Ses dimensions doivent être pensées pour permettre le rangement de nombreux formats et se déterminent de préférence en fonction des plus grands.

Verticale

Qu'elle soit haute ou basse, une bibliothèque peut, pour diverses raisons, choisir d'affirmer sa verticalité. Le choix peut être purement esthétique, sans autre considération que celle de satisfaire l'œil de son propriétaire. Il peut aussi être stratégique lorsqu'il s'agit d'influencer la perception des lieux. En effet, affirmer la verticalité d'une bibliothèque, c'est mettre l'accent sur sa hauteur, quelle qu'elle soit. Elle peut ainsi contribuer à « rehausser » visuellement un plafond un peu bas ou à faire oublier la grande longueur d'un pan de mur en créant un « accident » de parcours sur sa linéarité. La valorisation du caractère vertical d'une bibliothèque s'effectue de diverses façons. Au moment de la conception, le choix du système constructif est déterminant et la tendance s'oriente tout naturellement vers la création de montants verticaux entre lesquels s'intègrent les étagères. Ce type de structure présente en outre l'avantage d'offrir un appui sur le sol, appréciable lorsque le mur de soutien est une simple cloison de carreaux ou de plaques de plâtre. L'épaisseur de ces montants doit être suffisamment importante pour jouer son rôle esthétique et il arrive qu'elle soit créée artificiellement en menuiserie. Elle peut par contre être offerte par la maçonnerie qui s'invite volontiers dans ce type de bibliothèque. Carreaux de plâtre ou de béton cellulaire composent alors des montants verticaux posés au sol, économiques et simples à mettre en œuvre. Ils laissent en outre une grande liberté de finitions et de mises en couleur : du blanc immaculé au noir ébène, en passant par toutes sortes d'effets de matière, ces dernières facilitent l'intégration de la bibliothèque à la décoration de la pièce et permettent de nuancer l'effet recherché. ■

Mariage d'Inox et d'iroko, la bibliothèque s'étire jusqu'à la mezzanine du bureau. La largeur des montants verticaux est délibérément accentuée vis-à-vis de la finesse des tablettes pour renforcer la verticalité de la composition.

1. Adossée à une cloison, la bibliothèque se compose de cinq modules larges de 25 cm et espacés de 3 cm. Des panneaux de médium débordant s'insèrent dans ces espaces, accentuant le retrait des étagères par leur contraste.

2. Intégrée dans un renfoncement, la bibliothèque s'organise en trois volumes encadrés par un bâti périphérique. La majorité des étagères sont montées sur taquets, offrant toutes sortes de position, tandis que trois d'entre elles sont fixées pour renforcer la rigidité de l'ensemble.

3. La bibliothèque se construit à partir de poutres de récupération
qui lui composent de solides appuis verticaux. De simples tablettes fixes mises en place sur trois tasseaux permettent d'exploiter toute la hauteur disponible.

3

1. La bibliothèque se développe au rythme des montants verticaux en carreaux de plâtre dont l'épaisseur est accentuée par l'addition d'un chant plat. Les étagères s'offrent un caractère massif grâce à une alèse ajoutée et reposent en toute simplicité sur deux tasseaux latéraux.

2. Reposant au sol, la bibliothèque s'offre un solide appui et se développe en portique autour du canapé auquel elle offre une alcôve. Son dessin sobre et épuré est dicté par l'acier galvanisé qui la compose.

FLÉCHISSEMENT

Le fléchissement d'une étagère varie selon le poids qu'elle supporte mais aussi selon la nature et l'épaisseur du matériau qui la compose. Ainsi, pour une épaisseur de 22 mm, une étagère longue de 100 cm supporte avant de fléchir : 55 kg pour du contreplaqué, 45 kg pour du latté, 35 kg pour du Triply et 30 kg pour du médium. D'une façon générale, le fléchissement d'une étagère peut être réduit en lui offrant un appui mural sur toute sa longueur et en augmentant son épaisseur en façade, en fixant un tasseau en sous-face par exemple.

Horizontale

Affirmer l'horizontalité d'une bibliothèque relève le plus souvent d'une démarche décorative même si, au même titre qu'une structure verticale, elle est susceptible d'influencer la perception du lieu.
En effet, une pièce très haute de plafond gagne en équilibre et en intimité en optant pour un agencement marqué par des horizontales. Ces dernières créent de nouvelles perspectives qui, en attirant le regard, réduisent visuellement les hauteurs. Mettre l'accent sur les horizontales revient à valoriser les étagères vis-à-vis de la structure verticale, voire à se passer de cette dernière. Epaisses et massives, les étagères sont lourdes, ce qui devient un inconvénient lorsque l'on doit leur additionner le poids des livres. C'est pourquoi leur épaisseur est le plus souvent artificielle, illusion offerte par l'addition de deux panneaux formant ensemble une étagère creuse, donc plus légère. Cette âme creuse offre en outre la possibilité de dissimuler des accrochages muraux, contribuant ainsi à l'esthétique de la réalisation. Composées d'étagères indépendantes les unes des autres, les bibliothèques de caractère horizontal présentent l'avantage d'être très modulables et extensibles à volonté, ces dernières pouvant s'additionner les unes aux autres en suivant l'évolution des besoins. Leur mise en place peut faire l'objet de toutes sortes de compositions : strictement alignées les unes au-dessus des autres ou les unes à côté des autres, disposées en quinconce, encastrées entre deux pans de mur… Une fois encore, une mise en couleur réfléchie peut accentuer le caractère horizontal d'une composition, voire faire oublier l'existence d'une structure verticale. Il suffit pour cela de choisir une couleur forte et contrastée pour les étagères, et de réserver une teinte proche de celle des murs pour le reste de la réalisation.

Au cœur de ce spacieux volume marqué par une grande hauteur sous plafond, la mezzanine s'implante en marquant son horizontalité à travers un linéaire de trois étagères épaisses qui intègrent leur système de fixation.

EXPERIENCE
FILLMORE EAST

2

1. C'est l'absence de fixations apparentes qui affirme le caractère horizontal de ces étagères de forte épaisseur. Rainurées sur trois côtés et glissées entre trois murs, elles sont régulièrement maintenues et peuvent s'offrir de grandes longueurs à condition de ne pas être trop chargées.

2. Bien que s'étirant du sol au plafond, la bibliothèque affirme son horizontalité à travers des étagères dont l'épaisseur artificielle dissimule l'accrochage. Un montant vertical plus profond l'encadre et lui offre un caractère encastré conforté par la mise en couleur identique aux murs.

3. Fixées sur des tasseaux, les étagères sont composées de deux panneaux de contreplaqué assemblés puis sont peintes pour mieux s'intégrer au mur contre lequel elles s'installent. Le plan bureau en médium, fixé selon le même principe, est verni pour se dissocier de la bibliothèque.

3

FIXATIONS INVISIBLES

Un souci d'esthétique accru et certaines situations particulières développent de préférence les systèmes d'accrochage invisibles. Ces derniers sont le plus souvent intégrés dans l'étagère, creuse et suffisamment épaisse pour dissimuler une équerre métallique ou un tasseau fixé au mur. L'étagère est parfois même scellée directement dans le mur. Mieux vaut ne pas se tromper dans le positionnement car ce type d'accrochage n'autorise pas le déplacement des tablettes.

2

1. Renforcées par un bandeau horizontal, les étagères font oublier la présence des quelques montants verticaux qui rigidifient l'ensemble en réduisant les risques d'arrachement du mur.

2. Peu épaisses, ces étagères ne laissent pourtant rien paraître de leur système de fixation pour la simple raison qu'elles sont scellées dans le mur. Pour être fiable, l'encastrement doit s'effectuer sur environ un tiers de la profondeur totale de l'étagère.

FABLES
RUSSIAN PAINTED SHOP SIGNS
Varieties of Visual Experience
The Hermitage

Agencements variés

De bas en haut

Quand la hauteur sous plafond le suggère ou que la quantité de livres à ranger le recommande, la bibliothèque s'étire volontiers du sol au plafond. En exploitant l'ensemble de la surface murale disponible, elle offre une plus grande souplesse d'agencement et intègre facilement un bureau ou des rangements fermés en partie basse. Selon les goûts, elle s'affirme graphique, à structure horizontale ou verticale. Sachant qu'elle a tendance à accentuer la hauteur, cette dernière est plutôt à éviter si la hauteur sous plafond est importante. Cependant elle offre souvent un appui au sol appréciable pour un agencement destiné à être chargé. En couvrant intégralement un mur de livres, la bibliothèque acquiert facilement un caractère massif voire écrasant si la surface de la pièce n'est pas proportionnelle. En effet, ce type d'agencement se réserve de préférence à de grands volumes qui valorisent son allure théâtrale. Les petites surfaces ont vite fait d'étouffer sous le poids des livres et les compositions plus aérées leur sont mieux adaptées. Une bonne solution consiste à « asseoir » la bibliothèque avec des profondeurs de l'ordre de 50 à 60 cm pour des rangements fermés ou un plan bureau, et de monter en les réduisant progressivement jusqu'à environ 10 cm, profondeur suffisante pour des livres de poche. L'effet de perspective ainsi créé allège l'impact visuel et facilite l'intégration dans la pièce. En atteignant le plafond, une bibliothèque place certains livres à une hauteur d'au moins 2,50 m, voire beaucoup plus, mais qui doivent malgré tout rester dans de bonnes conditions de sécurité. Les escabeaux chinés dans une brocante ne manquent pas de charme, mais disposent souvent d'une hauteur insuffisante et d'un équilibre parfois instable. La solution la plus satisfaisante reste l'échelle de bibliothèque accrochée sur un rail sur lequel elle peut coulisser.

Les livres habillent tous les murs que les portes et les fenêtres n'accaparent pas, offrant à ce bureau salle de musique une ambiance toute particulière. Présent du sol au plafond, le bois apporte sa chaleur et contribue à la douceur du lieu.

1. Création personnelle du propriétaire, la bibliothèque a été conçue pour accueillir un riche mélange de livres, d'objets et de collections diverses. Des rangements fermés encadrent les étagères en partie basse et haute, se rendant accessibles grâce à une échelle à crochets chromée.

2. Les murs disparaissent derrière les rayonnages qui poursuivent leur course entre les pièces jusqu'à composer un portique marquant le passage de l'une à l'autre. Réalisés en bois massif, ils ont été, dès le début, conçus pour supporter un grand poids de livres.

3. Ambiance théâtrale dépaysante pour cette bibliothèque qui tire parti de son manque de lumière pour cultiver son caractère intimiste. Conçue à l'image d'une tente berbère, elle s'enveloppe de drapés éclairés par les reflets d'une lanterne rapportée de Fez.

ÉCLAIRAGE

Il est surtout esthétique et contribue à la mise en valeur de l'agencement. Indirect, il dissimule ses sources (souvent des tubes fluorescents) derrière des bandeaux horizontaux ou verticaux. Direct, il est offert par des spots encastrés dans les étagères hautes ou fixés en applique à la manière des éclairages de tableaux, de préférence en basse tension. Le fond de bibliothèque est rarement éclairé, à moins que l'espacement entre les étagères soit particulièrement important.

TUNIS

1. Disposant d'une hauteur de 7 m sous plafond, le séjour s'offre une bibliothèque à sa mesure. Monumentale, elle s'inscrit entre deux poteaux en briques de cette ancienne fonderie et se compose de médium marié à un contreplaqué de coffrage.

2. Le séjour disposant d'une double hauteur trop importante pour être exploitée d'un seul tenant, la bibliothèque interrompt son ascension pour offrir une passerelle d'accès à la mezzanine. Scindée en deux, elle est moins imposante et gagne en élégance.

LE LIVRE DE L'OUTIL
GRANDS
KAPUTE

2

3

1. Esprit nature et massif pour cette bibliothèque entièrement réalisée en chêne. Implantée sur une mezzanine, elle est conçue pour supporter un poids important de livres tandis que des lutrins en tôle s'installent sur les garde-corps pour faciliter la lecture des gros ouvrages.

2. Habillant l'intégralité du mur, la bibliothèque amorce une courbe subtile déterminée par la profondeur des montants verticaux qui lui offrent ainsi des étagères adaptées à différents types d'ouvrages.

3. Bénéficiant d'une grande hauteur sous plafond, le séjour s'offre une bibliothèque étirée de bas en haut rendue facilement accessible par la création d'une passerelle mezzanine et doublée artificiellement par un habile jeu de miroirs.

En version basse

Le rangement des livres est l'un des plus faciles à concevoir, leurs petites dimensions leur permettant de se glisser un peu partout. Une niche, un recoin, une cheminée hors d'usage peuvent se transformer en bibliothèque à condition d'y glisser quelques étagères bien pensées. Seulement 16 à 18 cm de hauteur suffisent pour une collection poche et les beaux livres excèdent rarement 40 cm. Nul besoin donc d'une hauteur sous plafond spectaculaire pour créer une grande bibliothèque à la fois pratique et décorative, celle-ci pouvant fort bien s'étirer sur le sol sans dépasser un mètre de hauteur. Les possibilités d'implantation sont nombreuses et variées, souvent très décoratives et bien intégrées. En soubassement contre un mur, elle offre un plateau supérieur vite transformé en desserte prête à accueillir toutes sortes d'objets, libérant en outre une grande surface murale disponible pour tout autre type de décor. Implantée au centre d'une pièce, elle contribue à la distribution de la surface qu'elle divise sans créer de séparation et en maintenant une perception globale du volume. En libérant l'espace à la hauteur des yeux, les bibliothèques basses préservent l'unité des lieux et s'adaptent bien aux petites pièces vite écrasées par des bibliothèques hautes. C'est en allège, sous les fenêtres, que les bibliothèques s'installent le plus volontiers, à condition bien sûr que celles-ci ne soit pas trop basses. Leur hauteur moyenne, de 90 à 100 cm, est idéale pour caser trois hauteurs d'étagères, voire plus. Peu profonds (de 12 à 30 cm au maximum), ces agencements ne contrarient pas l'accès et la manipulation des fenêtres et offrent, une fois encore, une tablette haute très pratique à condition cependant d'être suffisamment basse pour que les objets qui s'y répandent ne compliquent pas l'ouverture des vantaux (problème éliminé par les baies coulissantes).

Installé dans une ancienne cristallerie, l'appartement jouit d'une longue baie vitrée qui l'inonde de lumière. L'allège assez haute devient le support de bibliothèques qui intègrent les radiateurs, le poste de télévision et l'équipement hi-fi du séjour.

1

1. Spacieux, le large couloir s'anime à droite de renfoncements dans lesquels s'encastrent les radiateurs, à gauche d'une profonde bibliothèque basse, jeu de pleins et de vides mariant la maçonnerie à des panneaux de chêne.

2. L'enfilade de pièces offre une belle perspective qu'il aurait été dommage d'interrompre par une bibliothèque haute. C'est donc en partie basse, au dos d'un canapé que cette dernière s'installe.

3. Apprécié pour sa forme atypique, le comble s'aménage de préférence avec des agencements conçus sur mesure. Les bibliothèques basses permettent de ne pas contrarier la circulation de la lumière et de préserver l'unité du volume.

DIMENSIONS

Le positionnement des étagères doit être déterminé en fonction du type de livres à ranger. Ainsi des livres de collection poche se contentent de 11 cm de profondeur pour une hauteur comprise entre 16 et 18 cm. Les collections d'éditeur ont besoin d'au moins 15 cm de profondeur pour une hauteur comprise entre 21 et 25 cm. Quant aux beaux livres, ils leur faut 25 à 30 cm de profondeur pour une hauteur de 30, 35 voire 40 cm, les formats étant beaucoup plus fantaisistes dans ce domaine.

1. Réalisée en panneaux de chêne, cette bibliothèque offre une belle capacité de rangement tout en libérant le pan de mur pour un grand tableau. Calée dans l'angle, elle s'arrondit à l'autre extrémité pour adoucir sa ligne et faciliter la circulation.

2. Une profonde embrasure offre une belle opportunité pour créer un agencement sur mesure destiné à mêler livres et objets décoratifs. Réalisé en panneaux mélaminés, il dissimule en outre des aérations situées aux extrémités.

3. Un agencement bas courant sous l'ensemble d'une baie vitrée a tendance à en accentuer la longueur. Le rythme créé par une alternance produit par contre l'effet inverse.

3

1

2

3

CONTREPLAQUÉ ET LATTÉ

Le contreplaqué est constitué de plusieurs feuilles de bois collées entre elles en sens alterné, et se reconnaît à son chant rayé caractéristique. Très résistant au fléchissement, il existe en de nombreuses épaisseurs (de 4 à 40 mm), qualités (ignifuge, hydrofuge, cintrable, ultraléger ou insonorisant) et finitions. Le latté est constitué de lattes de bois collées entre elles et recouvertes d'un placage sur chaque face, ce qui rend le procédé de fabrication visible uniquement sur deux chants.

1. Disponible dans le commerce, le module de bibliothèque a été monté sur des roulettes pour s'offrir une mobilité ludique. Il pourrait aussi bien se tenir debout en colonne, se passant cette fois des roulettes pour une question de stabilité...

2. Mariages de maçonnerie et de menuiserie, les bibliothèques se déclinent en versions basses ou hautes et s'intègrent parfaitement à l'esprit architecturé du lieu.

3. Simplicité absolue pour ces bibliothèques qui relient la baie vitrée à la cheminée. Composées de planches de platane posées sur des briques de terre, elles offrent des profondeurs différentes adaptées aux ouvrages qu'elles reçoivent.

En maçonnerie

Si le bois reste le matériau de prédilection pour concevoir toutes sortes de bibliothèques, de la plus classique à la plus audacieuse, la maçonnerie sait aussi tenir sa place en donnant naissance à des compositions au charme certain. Forcément structurées, elles s'intègrent à l'architecture en lui empruntant ses matériaux : béton, parpaings, carreaux de plâtre ou de béton cellulaire… tous prêts à contribuer à l'agencement intérieur. Souvent réalisables par un bon bricoleur, ces bibliothèques ont l'avantage d'être économiques, la matière première étant particulièrement abordable. Conçues sur mesure pour s'intégrer parfaitement aux lieux dans lesquels elles s'invitent, elles adoptent un caractère intemporel hérité de l'architecture méditerranéenne qui leur permet de s'adapter à tous les styles. Traitées à l'identique des murs qui les encadrent ou mises en valeur par un traitement de surface (peinture, patine, cire…), elles laissent la vedette aux ouvrages qu'elles reçoivent car elles sont avant tout pensées pour « faire partie des murs ». Certains leur reprochent cette absence de personnalité ou de caractère, voire leur caractère immuable, caractéristiques précisément appréciées par d'autres ! Force est de reconnaître que leur conception autorise une grande liberté. En effet, tout est permis dans le dessin des étagères, à condition cependant de tenir compte des besoins en matière de rangement et des exigences du matériau choisi. Ainsi les dimensions des carreaux de plâtre ou de béton cellulaire conditionnent bien évidemment celles des étagères, en sachant toutefois qu'ils peuvent être renforcés par des fers métalliques encastrés en sous-face quand la longueur d'une étagère dépasse celle d'un carreau.

Implantée entre la chambre et le séjour, la bibliothèque se dresse en cloison, s'interrompant pour intégrer une porte de récupération en chêne. Elle est entièrement réalisée en plâtre THD (très haute dureté) coulé et coffré, mais aurait pu être plus simplement composée de panneaux de cloison alvéolaire.

2

3

1. Réalisée en ciment lissé, la cheminée s'encadre d'une structure en carreaux de plâtre intégrant le conduit de fumée. L'ensemble habille pleinement le renfoncement situé entre les deux portes de circulation.

2. Réalisée en parpaings, la bibliothèque intègre niche et fenêtre, et marque sa verticalité à travers l'épaisseur de ses montants. La partie haute se meuble d'étagères en bois ancrées dans la maçonnerie, tandis que la partie basse plus profonde offre une longue assise.

3. Réalisée en carreaux de plâtre allégé, cette bibliothèque élimine les risques de surcharge sur le plancher existant. Des carreaux de 7 cm d'épaisseur composent les montants alors que les étagères sont en carreaux standards de 5 cm d'épaisseur.

4. Rayonnage inattendu, c'est la cloison elle-même qui compose la bibliothèque, se plaçant en retrait pour offrir une niche propice au rangement des livres. La hauteur rend cependant l'escabeau indispensable.

4

CARREAUX DE PLÂTRE

Disponibles en 5, 6, 7, ou 10 cm d'épaisseur, les carreaux de plâtre existent en différentes versions : standards, alvéolés, allégés, hydrofuges ou de haute dureté. Les carreaux (66 x 50 cm) sont assemblés par emboîtement à tenon plein et mortaise et collés avec une colle spéciale à base de plâtre. Les surfaces étant lisses, elles ne sont pas nécessairement enduites, mais une couche de peinture d'impression est conseillée pour réduire la porosité du plâtre avant une finition en peinture.

1. Facile à travailler, le béton cellulaire donne naissance à des courbes douces très méditerranéennes. Les éléments se montent au fur et à mesure en commençant par les montants inférieurs collés au mur et sur le sol. Les étagères sont ensuite collées sur le chant des montants, en veillant à effectuer les raccords à mi-épaisseur.

2. Comme pour rappeler la grande hauteur sous plafond de ce loft, une succession de niches carrées s'érige en colonne, affirmant sa verticalité. Véritable totem, elle affiche fièrement les créations de l'artiste maître des lieux.

Insolite

Il y a diverses façons d'accorder un caractère insolite à une bibliothèque. L'implantation peut être originale et particulièrement créative, les matériaux inhabituels et inattendus, ou le système constructif innovant. Toutes les fantaisies sont permises à condition cependant de ne pas oublier la fonction première de la bibliothèque qui est celle du rangement. Les réalisations doivent avant tout être d'un usage pratique, faciles d'entretien, avoir un équilibre stable et des systèmes d'accrochages sûrs. Une fois ces aspects garantis, l'imagination et la créativité peuvent se lâcher. Traditionnellement statique, la bibliothèque surprend forcément en intégrant un mouvement ou une mobilité. Il peut s'agir du mouvement introduit dans la composition d'ensemble sous la forme d'un bloc d'étagères coulissant ou pivotant pour laisser apparaître un double-fond ou de modules entiers pivotant sur un axe pour offrir plusieurs faces de rangement. La mobilité peut être globale et l'ensemble de la bibliothèque coulissant sur un rail ou monté sur des roulettes. Attention, ces dernières doivent avoir une capacité de charge adaptée et lorsqu'elles sont au nombre de quatre, chacune d'elles doit être capable de supporter au moins 1/3 du poids global composé par la structure et son contenu. Une bibliothèque nomade n'a pas de véritable intérêt pratique car son poids rend son déplacement difficile, mais il semble que la seule idée du mouvement suffit à la rendre séduisante. Côté matériaux, la bibliothèque surprend en jouant la récupération et le détournement. Béton, acier, aluminium, fers à béton, briques de verre, métal déployé, carrelages, parquets... tous peuvent être exploités pour créer des structures ou des habillages surprenants, leur mise en œuvre atypique réclamant un minimum de savoir-faire et de créativité. Habituellement accrochées au mur ou posées au sol, les étagères peuvent également se suspendre au plafond à l'aide de tubes rigides gainant des tiges filetées ou de câbles d'acier tendus entre sol et plafond. Elégants et aériens, ces systèmes ne sont cependant pas adaptés à de lourdes charges.

La démarche initiale était de mettre en valeur une grande toile et d'en faire l'élément décoratif majeur du séjour. L'avancée créée à cet effet s'est dans un second temps transformée en bibliothèque confidentielle en offrant deux niches latérales.

1

1. Ancienne usine, cet appartement clair et spacieux s'est aménagé et meublé à l'économie et la bibliothèque est en fait un chariot industriel récupéré initialement destiné au transport de boîtes de médicaments. Tableaux J-P. Turmel.

2. La bibliothèque composant à elle seule la cloison séparative, il était logique qu'elle intègre également la porte de communication. Coulissante, cette dernière prend des allures de porte secrète en se faisant oublier une fois fermée.

3. Un compact disc mesurant 12,5 cm de côté, il est naturel de vouloir en loger deux rangées dans une profondeur de 25 cm, encore faut-il pouvoir accéder à la seconde. Le problème est ici résolu grâce à un caisson pivotant qui double la capacité initiale de rangement.

4. Apparemment classique, la bibliothèque surprend en pivotant autour d'un axe inattendu, libérant ainsi l'accès au local technique logé sous l'escalier.

2

3

1. Etirées de bas en haut, les structures des bibliothèques sont réalisées en fers à béton soudés et scellés à la fois dans les murs supports, le sol et le plafond. Des étagères en verre s'y intègrent, contribuant à la légèreté de l'ensemble.

2. Mise en cage derrière le mouvement ondulatoire des tiges d'acier martelé, la bibliothèque affiche un caractère surréaliste. Décoratives, ces tiges n'en sont pas moins fonctionnelles puisqu'elles intègrent des tiges perpendiculaires sur lesquelles s'encastrent les chants des étagères en frêne.

3. De simples cônes de bois insérés dans l'extrémité de chaque étagère composent d'originales butées, très utiles pour empêcher la chute des livres.

1

1. **Originale, la bibliothèque se compose en toute simplicité d'étagères en stratifié de différentes couleurs posées sur des briques de verre. Celles-ci sont collées avec du double face et leur tranche est peinte dans la même couleur que le mur contre lequel elles s'accolent.**

2. **Pourtant réalisée en menuiserie, la bibliothèque prend des allures de maçonnerie. Ses étagères épaisses sont des caissons creux qui intègrent leurs fixations et l'encastrement de spots d'éclairage. Peinte en blanc comme les murs, elle laisse la vedette à l'étonnante mosaïque qui couvre la cheminée.**

3. **Sobriété de rigueur pour cette bibliothèque réalisée en zinc et chêne. Simple, le montage contribue à son élégance : des fers plats soudés sur les montants verticaux soutiennent les tablettes de chêne à des hauteurs déterminées. Une fois fixées, ces dernières garantissent la rigidité de l'ensemble.**

MÉTAUX

Acier, zinc, Inox et chrome sont très utilisés en décoration intérieure. Sensible à la corrosion, l'acier doit être protégé contre l'humidité. Trempé dans du zinc en fusion, il devient de l'acier galvanisé. Apprécié dans la cuisine, l'Inox est quasi inaltérable et ne se pique pas, à l'opposé du chrome. Obtenu grâce à l'application d'une couche plus ou moins épaisse de chrome sur de l'acier, celui-ci se pique et se dégrade avec le temps.

Cabotage
L'Ange aveugle
Intérieurs
parisiens
TASCHEN
DECORATION

1. Exploitation inattendue de l'angle pour cette bibliothèque qui s'épanouit dans ses rondeurs. Confectionnée en plâtre moulé sur une armature métallique, elle est ancrée dans les murs latéraux, s'interdisant ainsi la rotation qu'on lui aurait volontiers attribuée.

2. Davantage objet décoratif que véritable source de rangement, la célèbre bibliothèque de Ron Arad adopte diverses formes et met sa souplesse au service de toutes les fantaisies.

RANGEMENT

Le classement des livres est une affaire délicate mais déterminante pour le caractère pratique de la bibliothèque. Destiné à faciliter la recherche des ouvrages, il doit avant tout obéir à la logique subjective des propriétaires : classement par thèmes, par auteur, par couleur ou par taille… en prenant soin cependant de réserver les étagères les plus accessibles aux livres d'usage quotidien et de mettre hors de portée des enfants ceux qui ne leur sont pas destinés.

1. Ouverte sur la chambre, la salle de bains marque son emprise grâce à son meuble bas qui se prolonge en bibliothèque. L'ensemble de l'agencement est réalisé en teck, adapté aux ambiances humides.

2. Ondulantes, les trois étagères gagnent du caractère grâce à l'aplat de couleur qui les encadre et les rassemble dans une même composition.

CRÉDITS PHOTOGRAPHIQUES I

Nous adressons nos remerciements à tous les fabricants et distributeurs, aux architectes et aux créateurs, grâce auxquels nous avons pu illustrer cet ouvrage.

Couverture : photo Philippe Louzon - **p. 4** photo Karim Brunie/ conception Atelier Richard Boyer - **p. 6** photo Christophe Rouffio/conception Francesco Passaniti - **p. 8** photo Philippe Louzon - **p. 10/11** photo DR/architecte Jacques Baylac - **p. 12** photo Antonio Duarte/architecte Pierre Bragnier - **p. 13G** photo Antonio Duarte/ architectes Studio Maréchaux - **p. 13D** photo Antonio Duarte/architectes Sylvia Laquerbe et Jean-Lou Morey - **p. 14 G** photo Charly Erwin - **p. 14D** photo Yves Robic/ architecte Thierry Mazelier - **p. 15** photo Philippe Louzon/architectes Stimulus Architecture - **p. 16** photos Frédéric Ducout/architecte Gauthier Coton - **p. 17 G** photo Karim Brunie/architecte Marc Férauge/réalisation Atelier Richard Boyer - **p. 17D** photo Yves Robic/architecte Jean-Rémy Couradette - **p. 18/19** photo Yves Robic/ architecte Hervé Mörch - **p. 20** photo Antoine Schneck - **p. 21** les 2 photos Charly Erwin - **p. 22 H** photo Christian Larit/architecte Olivier Bouchez - **p. 22B** photo Thierry Favatier/architecte Marcel Barcilon/réalisation Atelier Richard Boyer - **p. 23** photo Julien Clapot/architecte Pierre Bragnier - **p. 24** photo Antonio Duarte/architectes Sylvia Laquerbe et Jean-lou Morey - **p. 25 H** photo Yves Robic/architectes Drôles de trames - **p. 25B** photo Philippe Louzon/création Transes Lucides Décoration - **p. 26/27** photo Yves Robic/architecte Sylvie Gibert - **p. 28G** photo Antoine Sneck - **p. 28D** photo Philippe Louzon/architecte Marc Favretto - **p. 29** photo Alexandre Rety/ architecte Didier Gettliffe - **p. 30** photo Antonio Duarte/architecte Catherine Fermand/réalisation Atelier Richard Boyer - **p. 31D** photo Antonio Duarte/création XI design - **p. 31G** photo Antonio Duarte/architecte Ursula Biuso-Cotté/réalisation Ginkgo - **p. 32/33** photo Patrice Binet/décoration Marie-Stella Vitalis - **p. 34B** photo Gonzague Defoix/architecte Philippe Suter - **p. 34/35H** photo Gilles Trillard/architecte Lionel Loris - **p. 35B** photo Yves Robic/architecte Jacques Baylac - **p. 36D** photo Yves Robic/architecte Frédéric Bogino et Caroline Béhar - **p. 36G** photo Christophe Raynaud de Lage - **p. 37** photo Yves Robic/architecte Frédéric Bogino et Caroline Béhar - **p. 38H** photo Yves Robic/création Francesco Passaniti - **p. 38B** photo DR - **p. 39G** photo Yves Robic - **p. 39D** photo Yves Robic/architecte Philippe Lair/réalisation Atelier Richard Boyer - **p. 40** photo Roche Bobois- **p. 42/43** photo Philippe Louzon/architecte MPDP/réalisation Atelier Richard Boyer - **p. 44** photo Philippe Louzon/architecte François Thoulouze - **p. 45H** photo Philippe Louzon/architecte François Thoulouze - **p. 45B** photo Patrick Eoche - **p. 46** photo Antonio Duarte/architecte Claire Dargaud - **p. 47HG** photo Karim Brunie/architectes Pablo Georgieff – Bonnenfant/réalisation Atelier Richard Boyer - **p. 47HD** photo Gonzague Defoix/architecte Lionel Coutier - **p. 47B** photo Yves Robic/architecte Jean-Rémy Couradette - **p. 48/49** photo Antonio Duarte/architecte Pierre Bragnier - **p. 50G** photo Antonio Duarte/architecte Pierre Bragnier - **p. 50D** photo Philippe Louzon - **p. 51** photo Olivier Hallot - **p. 52** photo Philippe Louzon - **p. 53** photo Daniel Faure/architecte Claude Vignier - **p. 54/55** photo Christophe Raynaud de Lage - **p. 56** photo Philippe Louzon/architecte Philippe Maidenberg - **p. 57B** photo Christian Larit/architecte Eric Chabeur - **p. 57H** photo Jacques Caillaut - **p. 58** photo Yves Robic/architecte François Thoulouze - **p. 59** photo DR/architecte Stéphane Chamard - **p. 60** photo Antonio Duarte/architecte Ursula Biuso-Cotté/réalisation Atelier Richard Boyer - **p. 62/63** photo DR - **p. 64D** photo Yves Robic- **p. 64G** photo Charly Erwin - **p. 65** photo Charly Erwin - **p. 66** photo Philippe Louzon/conception Jérôme Brouat - **p. 67** photo Roche Bobois - **p. 68H** photo Antonio Duarte/conception Yves Rondineau - **p. 69D** photo Philippe Louzon/architecte Patrick Roger/ réalisation Imaginne - **p. 69G** photo Philippe Louzon/architectes BCDE/réalisation Atelier Richard Boyer - **p. 70-71** photo Charly Erwin - **p. 72** photo Antonio Duarte/architecte Olivier Fassio - **p. 73D** photo Antonio Duarte/conception Richesse Intérieure - **p. 73G** photo Charly Erwin/ canapé Hugues Chevalier/architecte Virginie Drouhot - **p. 74G** photo Yves Robic - **p. 74D** photo Olivier Perrot/conception Christian Benitte - **p. 75** photo Gonzague Defoix/architecte Philippe Suter - **p. 76** photo Charly Erwin/bibliothèque Ikea - **p. 77G** photo Yves Robic/architecte Frédéric Bogino et Caroline Béhar - **p. 77D** photo Antonio Duarte/réalisation Akterre - **p. 78/79** photo Antonio Duarte/conception Bruno Tanquerel - **p. 80B** photo Gilles Trillard/création Consuelo Zoelly - **p. 81HG** photo Antonio Duarte/architecte François Curato - **p. 81HD** photo Yves Robic - **p. 81B** photo Roberto Petronio/architecte Daniel Rapaport et Jean-Claude Semon - **p. 82** photo Yves Robic/réalisation Richard Scheller - **p. 83** photo Charly Erwin/architecte Michael Klatzkow/œuvres de Rachid Koraichi - **p. 84/85** photo DR/ architecte Meredith Behm - **p. 86** photo Charly Erwin - **p. 87 HG** photo Philippe Louzon/architectes Philippe Lair et J-P Roynette/réalisation Atelier Richard Boyer - **p. 87HD** photo Yves Robic/architecte Jacques Baylac - **p. 87B** photos Philippe Louzon/création Atelier Richard Boyer - **p. 88** photo Vincent Thibert/ création Bruno Tanquerel - **p. 89** photos Antonio Duarte/ création Mob'art Twins - **p. 90** photo Patrick Smith - **p. 91BD et H** photos Christian Larit/ réalisation Jean-Pierre Barbance - **p. 91BG** photo Philippe Louzon/ architecte Marcel Barcilon/ mosaïque Noël Vérin - **p. 92** photo DR - **p. 93** photo philippe Saharoff/architecte Christine Sandona-Marting - **p. 94** photo Antonio Duarte - **p. 95** photo Gonzague Defoix/architecte Lionel Coutier - **4e couverture** : HG photo Yves Robic/architecte Jacques Baylac-HD photo Frédéric Ducout/architecte Gauthier Coton-B photo Christophe Rouffio/tableaux Marie-Thérèse Berger